KB041253

오늘도 수고한 그대에게

오늘도 수고한 그대에게

스트레스와 불안을 해소해주는
50가지 마음챙김 연습

알린 K. 엉거 지음 | 정지현 옮김

Picture credits 2–3 (and side detail throughout book) Incomible/Shutterstock 6 elwynn/Shutterstock 9 Eric Gevaert/Shutterstock 11 Patrick Foto/Shutterstock 12–13 Transia Design/Shutterstock 15 SJ Travel Photo and Video/Shutterstock 16 wenani/Shutterstock 18 Andrekart Photography/Shutterstock 20 Robynrg/Shutterstock 22 Jan Knop/Shutterstock 24 soulgems/Shutterstock 26 Transia Design/Shutterstock 28 Yellowj/Shutterstock 30–31 Brian Kinney/Shutterstock 32 iravgustin/Shutterstock 34 Yuganov Konstantin/Shutterstock 37 Letterberry/Shutterstock 38–39 Kotkoa/Shutterstock 40–41 Julia Snegireva/Shutterstock 43 robert_s/Shutterstock 44 Artyom Baranov/Shutterstock 47 Julia Snegireva/Shutterstock 48 S_Photo/Shutterstock 50 elina/Shutterstock 52 jesadaphorn/Shutterstock 54 redd_pandda /Shutterstock 56 Julia Snegireva/Shutterstock 58–59 Roman Mikhailiuk/Shutterstock 60 Paisan Changhirun/Shutterstock 62 pullia/Shutterstock 64 Julia Snegireva/Shutterstock 66 Katrina Elena/Shutterstock 69 Eskemar/Shutterstock 70–71 Afishka/Shutterstock 72–73 Transia Design/Shutterstock 75 Jes2u.photo/Shutterstock 76 leungchopan/Shutterstock 78 photokup/Shutterstock 80 yuri4u80/Shutterstock 82 Transia Design/Shutterstock 84–85 KieferPix/Shutterstock 86 gn fotografie/Shutterstock 88 Annaev/Shutterstock 90 Transia Design/Shutterstock 92 Chokniti Khongchum/Shutterstock 94 Potapov Alexander/Shutterstock 95 Transia Design/Shutterstock 97 Snezh/Shutterstock 98–99 Transia Design/Shutterstock 101 Ronald Sumners/Shutterstock 102 Labrador Photo Video/Shutterstock 104 WDG Photo/Shutterstock 106 Sari ONeal/Shutterstock 108 Ilya Akinshin/Shutterstock 110 Annette Shaff/Shutterstock 112 Ryszard Filipowicz/Shutterstock 114 EpicStockMedia/Shutterstock 115 Transia Design/Shutterstock 116 Plateresca/Shutterstock 118 nature photos/Shutterstock 120 Kochneva Tetyana/Shutterstock 122–123 Dmytro Balkhovitin/Shutterstock 124 Triff/Shutterstock 126 Mega Pixel/Shutterstock 128 Sergii Votit/Shutterstock 130–131 facai/Shutterstock 132–133 Transia Design/Shutterstock 135 imging/Shutterstock 136 StevanZZ/Shutterstock 138 Transia Design/Shutterstock 140 Veniamin Kraskov/Shutterstock 142–143 Dmytro Balkhovitin/Shutterstock 144 Rainer Albiez/Shutterstock 146 B. and E. Dudzinscy/Shutterstock 148 Albert Barr/Shutterstock 150 Transia Design/Shutterstock 152 Khoroshunova Olga/Shutterstock 154 MC2000/Shutterstock 156–157 Julia Snegireva/Shutterstock 158–159 Transia Design/Shutterstock

Cover: Incomible/Shutterstock

CONTENTS

파도치던 마음이 잔잔해집니다

누군들 햇빛이 찬란하고 평화로운 바다를 꿈꾸지 않을까요? 하지만 사람들과 어울려 살다 보면 그렇지 못할 때가 많습니다. 먹구름이 끼기도 하고 거친 파도와 바람, 때때로 폭풍우가 몰아치기도 합니다. 역설적이게도 마음의 날씨가 궂을수록, 고요한 시간과 평온한 장소를 찾기는 더 어려워져 원래의 잔잔한 상태로 돌아갈 수 없습니다.

하지만 너무 걱정하지는 마세요. 마음을 뒤흔드는 파도와 바람에 맞서 내면의 평화에 도달할 수 있는 방법은 있으니까요. 지금부터 이 책이 알려주는 50가지 시각화 기법 중에 당신에게 꼭 맞는 방법을 찾아보세요. 단지 약간의 연습만 필요할 뿐입니다. 분명 당신이 간절히 원하는 평온한 마음에 도착하게 될 것입니다.

평온함이란 무엇일까요?

그러면 우리의 목적지인 평온함CALM이 무엇인지부터 알아보겠습니다. 평온함이란 화나고 두려운 감정이나 짜증, 자신을 옥죄는 문제에 과민반응하지 않는 존재 방식이라 할 수 있습니다. 단지 이성을 잃지 않는 안정 상태, 그 이상입니다.

평화로운 상태를 유지하도록 훈련된 마음은 안정감을 유도하는 호르몬 분비를 자극함으로써 일상적인 스트레스 원인에 생리적으로 대처합니다. 생리적 대처라는 말이 어렵나요? 뇌가 행복 호르몬이라 불리는 '엔도르핀'을 분비해, 스트레스 호르몬인 '코르티솔' 수치를 낮추는 작용을 말합니다.

스트레스 상황에서 마음을 안정시켜주는 것도 중요하지만, 우리의 궁극적 목표는 평상시에도 평온함을 유지하는 것입니다. 스트레스를 전혀 느끼지 않는다거나 문제를 완전히 초월해 무시해버린다는 의미가 아닙니다. 일상에서 벌어지는 모든 일을 온전히 겪으면서도, 우리의 몸과 마음이 풍랑을 만난 배처럼 계속 흔들리지 않게 한다는 뜻입니다.

평온함의 적

이쯤에서 이런 질문이 나올 법합니다. "평온함이 꼭 좋은 건가요? 삶에는 흥미진진함이 필요하지 않나요?" 그런데 질문 자체가 모순입니다. 평온함의 반대는 흥미진진함이 아니라 스트레스니까요. 약간의 이로운 스트레스와 제어 불가능할 정도의 스트레스에는 큰 차이가 있습니다. 게다가 스트레스는 단순히 불쾌한 느낌에 그치지 않고 건강까지 해칩니다.

우리의 몸은 스트레스에 대응하기 위해 산소 섭취량과 심박수, 근육 긴장도를 높입니다. 그 옛날 천재지변과 무서운 짐승들로부터 생명을 지키기 위해 빨리 도망가거나 전력을 다해 싸워야 했기 때문입니다. 하지만 현대인의 생활에서 고조된 신체 반응이 필요한 경우는 거의 없습니다. 체내에 불필요한 호르몬이 넘쳐 신경계를 괴롭히고 면역력을 소모시키게 된 것이죠. 만성적 스트레스는 불면증, 심장질환, 불안과 우울 등, 몸과 마음에 다양한 병을 일으킵니다.

이 책은 스트레스를 해소하고 평온함에 이르게 해주는 3가지 방법을 알려줍니다. 바로 감정뇌 훈련, 인지행동치료, 마음챙김에 근거한 스트레스 완화입니다.

그럼에도 불구하고 도움을 받아야 할 때

대부분의 스트레스는 이 책에 소개된 방법을 통해 스스로 해결할 수 있습니다. 하지만 정서적 문제가 지속되어 일상생활이나 인간관계, 일에 지장을 준다면 의사나 심리 상담가 등 전문가의 조언과 도움을 구해야 합니다.

평온함이 주는 10가지 선물

행복감이 커집니다.

건강하고 활기차게 살 수 있습니다.

멘탈이 강해지고 집중력이 좋아집니다.

인생을 즐길 수 있도록 영감을 줍니다.

직관이 발달합니다.

노화를 늦춰줍니다.

주변 사람들과의 유대감이 강해집니다.

걱정을 내려놓음으로써 에너지가 충전됩니다.

마음의 그릇이 커져서 희망과 용서, 사랑을 가득 담을 수 있습니다.

자신에게 정말로 중요한 일에 시간을 쓰게 됩니다.

감정뇌 훈련 *EBT*

EBTEMOTIONAL BRAIN TRAINING는 스트레스를 줄이기 위해 심신 중재라는 방법을 사용합니다. '매우 평온함(1단계)'에서 '심각한 스트레스(5단계)'에 이르기까지, 각자의 뇌 상태에 따라 사용할 수 있는 6가지 기법을 익히게 됩니다. '한계 설정', '감정의 쓰레기 내다버리기'가 그 예입니다.

인지행동치료 *CBT*

스트레스의 원인은 외부의 사건이 아니라 자신의 생각이라는 것이 CBTCOGNITIVE BEHAVIORAL THERAPY의 기본 전제입니다. 인지행동치료는 모든 생각이 가설에 불과하다고 주장합니다. 따라서 주변 사람이나 환경을 바꾸지 않고 자신의 생각을 훈련함으로써 해로운 반응을 효과적으로 제어할 수 있습니다. 일기와 목록 작성, 주의 분산, 시각화 등의 기법을 활용합니다.

마음챙김에 근거한 스트레스 완화 *MBSR*

MBSRMINDFULNESS-BASED STRESS REDUCTION는 명상과 요가 기법이 합쳐진 치료법입니다. 호흡과 감정, 생각, 신체 감각, 주변 환경에 집중함으로써 스트레스를 관리하도록 도와주는데, '현재에 머무르는 것'이 중요한 개념입니다. '바꿀 수 없는' 과거와 '아직 일어나지 않은' 미래 때문에 괴로워할 필요가 없다는 것이죠. 지금 이 순간만이 유일한 현

평온을 부르는 매직 토크

책장을 넘기다 보면,
군데군데서 '매직 토크'를
발견할 수 있습니다.
메시지가 잠재의식 깊이
각인되도록 해주고,
자신에 대해 긍정적 관점을
갖도록 도와주는
짧은 문장들입니다.

실입니다. 그 사실에 집중하면 과거에 대한 후회와 미래에 대한 두려움이 사라집니다.

이 책은 위의 3가지 방식을 활용하거나 조합해 고요함에 이르는 방법을 알려줍니다. 각각의 방법은 간단해서 실행하는 데 단지 몇 분밖에 걸리지 않습니다. 하지만 꾸준히 연습하면 마음과 감정의 상태가 서서히 바뀝니다. 그리고 어느 날 여전히 힘든 현실 속에서도 평온함을 유지하는 자신을 발견할 수 있을 것입니다.

시각화 등의 기법을 통해 우리의 관점을 바꿀 수 있고, 불필요한 스트레스와 불안으로부터 초연해질 수 있습니다.

삶의 나날들

약간의 스트레스는 오히려 유익합니다. 삶에 동기를 부여하고 무언가에 집중하도록 해주기 때문이죠. 게다가 우리의 몸은 어느 정도의 스트레스엔 견디게 되어 있습니다. 하지만 정도가 심하거나 지속적인 스트레스는 우리를 괴롭히고 평온함을 빼앗아갑니다. 주변을 둘러보면 스트레스에 고통 받는 사람들이 많습니다. 알코올처럼 전혀 도움이 되지 않는 방법에 의존하는 사람들도 있지만 상황을 악화시킬 뿐입니다.

여기 일상의 순간에서 스트레스에 대처하는 효과적이고 긍정적인 방법을 소개합니다. 스트레스가 생길 때마다 적절히 대처하고, 스트레스가 악순환 되는 고리를 끊음으로써 몸과 마음이 온전한 휴식을 취하도록 도와줄 것입니다. 간단한 몇 가지 방법을 활용하면 깨어 있는 시간이 훨씬 평온해집니다.

태양은 가득히

가슴 가득 밝은 햇빛을 담아 하루를 긍정적으로 시작하게 해주는 방법입니다. 햇빛은 행복 호르몬이라는 '세로토닌'을 생성시켜 자연스럽게 평온함을 가져다줍니다. 낮에 2시간 이상 햇빛을 쬐면 밤에 숙면을 취할 수 있고 기분이 좋아지는 효과가 있습니다.

1 아침에 눈을 뜨면, 잠시 동안 가만히 누워 있습니다. 숨을 들이마시면서 내 몸이 공기를 머금고 있는 느낌에 집중합니다. 천천히 숨을 내쉬면서 내 몸에서 찬란한 황금빛 햇살이 퍼져 나간다고 상상해보세요(눈을 감으면 더 쉽습니다).

2 호흡을 지속하면서 황금빛 햇살이 점점 커진다고 상상하세요. 빛이 당신의 온몸을 감싸고 이내 방안을 가득 채웁니다.

3 따스한 빛에 안겨 있는 느낌에 집중하면 몸에 편안함과 생기가 감돌 것입니다. 이제 눈을 뜨고 천천히 일어나 햇빛 가득한 하루를 보내야겠다고 다짐합니다.

이 방법이 필요할 때

매일 아침, 일어나자마자 5분간 실시하세요. 가슴 속에 햇빛을 담겠다는 생각만으로도, 낮 시간 동안 진짜 햇빛을 더 많이 받으려 노력하게 됩니다.

02 풍선 호흡

책상에 앉아 있을 때나 길을 걸을 때나 기억과 후회, 걱정, 욕구는 마음을 어지럽힙니다. 수많은 연구 결과가 알려주듯이, 현재에 주의를 집중하면 마음이 안정되고 스스로 통제할 수 있는 힘을 얻게 됩니다. 언제 어디서든 현재에 집중하게 해주는 마음챙김 호흡법을 알려드리겠습니다.

1 의자에 앉습니다. 다리를 꼬는 것은 좋지 않습니다. 두 발을 바닥에 붙이고 허리를 꼿꼿하게 세우세요.

2 눈을 감고, 숨을 크게 한 번 들이마신 후 그대로 멈추세요. 가슴에 두 손을 모으고 당신의 폐가 살구색 풍선이라고 상상하세요.

3 천천히 숨을 내쉬면서 풍선의 바람이 빠져나가는 상상을 합니다. 숨을 들이마시면 풍선이 다시 부풀어 오릅니다.

4 수축했다 팽창하는 느낌에 집중하면서 계속 풍선에 바람을 넣었다 빼세요. 긴장이 풀릴 때까지 하세요.

이 방법이 필요할 때

아침과 밤, 1분씩 실시하세요.
일어나서 맨 먼저,
그리고 자기 전 맨 나중에
하는 일과로 만듭니다.
익숙해지면 5분, 10분,
그 이상으로 시간을 늘려갑니다.

안녕, 멍뭉이

마음속에서 자신을 비난하는 목소리가 높아질 때, 자신에게 친절해지도록 도와주는 시각화 기법입니다. 내면의 목소리를 이용하는 것은 감정뇌 훈련의 중요한 방법입니다. 자신을 돌보고 자양분을 공급해주는 것은 평온함에 이르는 지름길입니다.

1 아침에 눈뜨기 전, 하루 종일 당신을 따라다니는 사랑스러운 반려동물이 있다고 상상하세요. 강아지, 고양이, 앵무새, 열대어, 무엇이든 좋습니다. 당신이 반려동물을 갖고 있다면 그 아이를 떠올리면 됩니다.

2 반려동물에게 사랑한다고 표현하세요. 하지만 말썽을 부릴 때는 단호하지만 애정이 담긴 목소리로 야단치세요.

3 이제부터는 당신 자신에게도 상상 속 반려동물에게 한 것과 똑같이 하겠다고 마음먹고 일어나세요.

이 방법이 필요할 때

아침을 시작할 때 5분간 해보세요.
사랑하는 반려동물에게
말한다고 생각하면, 당신 내면의
목소리에 강인함과 진심이 실리고
자신에 대한 비난도
수그러들 것입니다.

커피 향기는 바람에 날리고

일상의 즐거움을 통해 오감을 일깨워주는 마음챙김 훈련입니다. 항상 일에 쫓겨 바쁘게 움직이다 보면 마음이 쉽사리 출렁이게 됩니다. 일상의 소소한 장면들을 감상하는 짧은 여유를 통해 평온함을 키워보세요.

1 메모지에 시각, 청각, 후각, 미각, 촉각의 5가지 감각
이 들어간 목록을 만드세요. 그리고 각 항목 옆에 빈
칸을 남겨 놓으세요.

2 외출할 때 이 목록을 가지고 나가, 각각의 감각을 느
낄 수 있는 흥미로운 자극에 주의를 기울이세요. 노
천카페에서 풍기는 커피 냄새, 유치원 아이들이 재잘대
는 소리, 햇살을 받아 따스한 나무 벤치⋯ 무엇이든 좋
습니다.

3 다섯 가지 감각에 해당하는 자극을 모두 느낄 때까지
주의를 집중하세요. 남은 하루 동안 적극적으로 오
감을 경험하려고 노력합니다.

4 작은 노트를 마련해 하루하루의 감각을 기록해도 좋
습니다. 나중에 다시 읽어보는 것도 큰 즐거움이 될
테니까요.

이 방법이 필요할 때

매일 출근길에 시도해보세요.
매일 그날이 그날인 것 같던
따분함에서 벗어나 더욱 활기차고
신선한 경험이 가능해집니다.

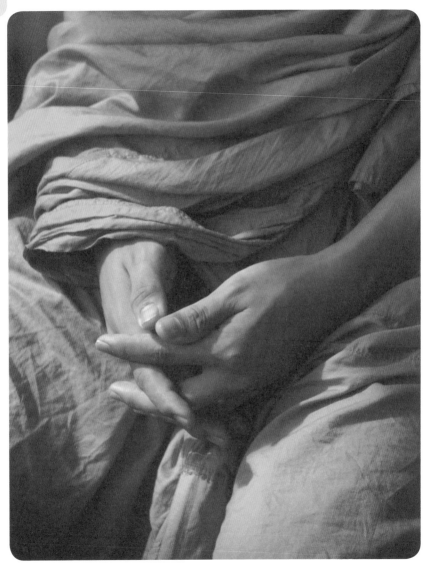

수도승과 드라이브하기

혹시 오늘도 운전하다가 욱했나요? 운전할 때는 평형 상태가 흐트러지기 쉽습니다. 갑자기 끼어든 차에 가슴이 철렁하기도 하고, 부주의한 오토바이 운전자가 짜증을 불러일으키기도 합니다. 이럴 때 도움이 되는 방법이 있습니다. 자신이 어떻게 운전하고 도로 환경이 어떠하며, 남들의 운전 습관은 어떤지 '무심하게' 바라보는 것이 바로 마음챙김 드라이빙입니다.

1 운전석에 앉아 눈을 감고 3번 심호흡을 합니다. 조수석에 친절한 수도승이 앉아 있다고 상상하세요.

2 옆자리의 수도승을 의식하면서, 천천히 운전 준비를 합니다. 눈을 뜨고 안전벨트를 하고 룸미러를 확인하고 시동을 걸고 핸드 브레이크를 풉니다. 마음은 고요하지만 당신의 주의는 온통 운전에 쏠려 있습니다.

3 운전 중에 평화가 깨지는 일이 생기면 조수석의 수도승이 이렇게 말한다고 상상해보세요. "별 일 아닙니다. 목적지에 가는 것도 중요하지만 그 과정도 그에 못지 않습니다. 그러니 운전을 즐기세요."

이 방법이 필요할 때

운전할 때마다 실시해보세요.
마음이 차분해질수록
주의력이 깊어지고
평온하고 안정적인 기분으로
목적지에 도착할 수 있습니다.

TIP

신호 대기 중, 심호흡을
크게 한 번 하고 턱과 어깨에
주의를 기울이면서
긴장을 풀어주면 됩니다.

평온을 부르는 매직 토크

나는
내 마음속
기쁨과
포옹합니다

소리 내어 깔깔깔 웃기

웃음이 건강에 이롭다는 것은 잘 알지만, 스트레스 상황에서 웃기는 어렵습니다. 웃음은 스트레스 호르몬인 '코르티졸'의 수치를 낮추고, 행복감을 불러일으키는 '엔도르핀' 수치를 높여주는 마법의 치료제입니다. 지금부터 감정뇌 훈련 중 하나인 자신을 미소 짓게 하는 방법에 대해 알려드리겠습니다.

1 웃음은 불을 피우는 것과 비슷합니다. 일단 땔감에 옮겨붙기만 하면 저절로 활활 타오르는 법이죠. 살면서 가장 재미있었던 일, 생각만 해도 미소가 피어나는 일을 떠올려보세요.

2 마치 연극을 하듯 소리 내어 웃는 '연기'를 해보세요. 머뭇거리지 말고 마음껏 크게 웃어야 합니다(대중교통을 이용할 때는 피하는 게 좋겠죠). 즐거운 일들을 떠올리면서 깔깔깔 웃으세요.

3 어느 순간, 가짜 웃음이 진짜 웃음으로 변합니다. 일단 웃음이 터지면 눈물이 날 때까지 웃게 되고, 자신도 모르게 기분이 좋아집니다.

이 방법이 필요할 때

매일 아침, 거울을 보고 연습하면 됩니다. 묘하게도 웃음에는 전염성이 있어서, 같이 사는 사람들과 함께하면 더 쉽게 웃을 수 있습니다.

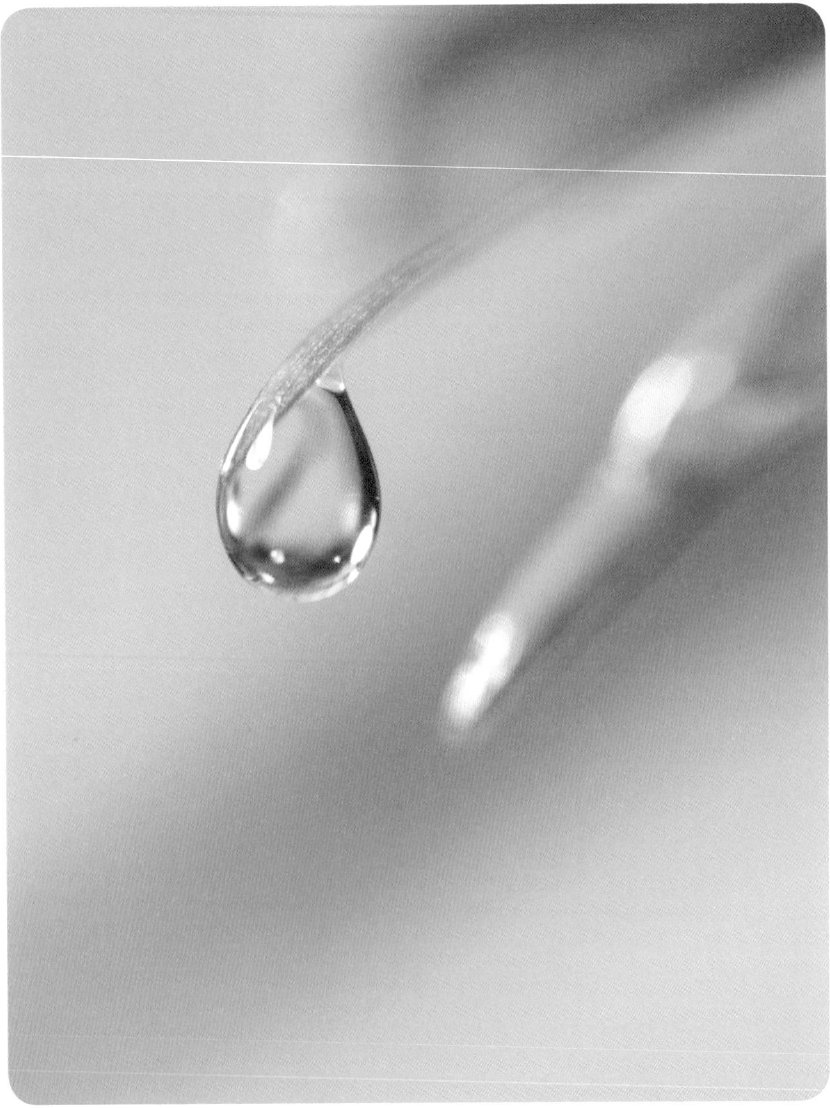

집안일 사랑하기

이번에 소개할 것은 집안일을 하는 지루한 시간을 이용해 평온함을 연습하는 마음챙김 기법입니다. 지금 이 순간을 그냥 흘려버리는 것도 문제지만, 과거나 미래에 잡혀 있는 것은 더욱 좋지 않습니다. 현재에 주의를 기울이면 더 충만하고 평온한 사람이 될 수 있습니다.

1 빨래 개기, 화분에 물주기, 설거지 등 집안일을 하면서 일의 모든 단계마다 특별한 주의를 기울이세요. 냄새나 소리, 미세한 움직임에 집중하면, 매일 하는 일이지만 그동안 알아차리지 못했던 것들이 느껴집니다.

2 세탁한 이불에서 나는 비누 냄새, 그릇이 달그락거리는 소리, 화분에 떨어지는 아름다운 물방울 등, 감각의 디테일에 집중하세요.

3 감각에 집중하면서 집안일을 하면 마음이 차분해지고 걱정이나 불안이 줄어들어 훨씬 평온해집니다.

이 방법이 필요할 때

매일매일 집안일을 할 때마다 시도해보세요. 처음엔 집중이 어렵겠지만, 연습이 계속될수록 마음이 차분해지는 효과가 커집니다.

스트레스를 즉시 해결해주는 5가지 방법

집밖을 나가 걷습니다.

친구나 사랑하는 사람과 잡담을 합니다.

긍정적이고 희망적인 이미지를 떠올립니다.

음악을 틀어놓고 춤을 춥니다.

마음챙김 호흡을 깊게 3회 합니다.

03 '고마워'라고 말하기

유난히 힘들고 지치는 날, 마음 깊이 감사함을 느끼게 해주는 감정뇌 훈련 기법입니다. 감사함은 쥐어짠다고 억지로 나오는 감정이 아닙니다. 감사함을 느끼는 데도 훈련이 필요합니다. 이 연습을 통해 삶의 아름다움을 알아차리게 되면 모든 대상을 있는 그대로 받아들일 수 있습니다.

1 오늘 하루를 되돌아보며 좋았던 일을 떠올려보세요. 샤워기에서 나오는 따뜻한 물, 마당에 핀 수선화, 아이들의 웃음소리 등 작은 일이라도 괜찮습니다.

2 눈을 감고 그 장면을 최대한 자세히 떠올리면서 마음으로 '고마워'라고 말하세요. 감사를 느끼는 순간 어떤 감각이 느껴지는지 주의를 집중하세요.

3 30초 동안 그 대상을 떠올리며 편안하게 호흡하세요. 감사함이 당신의 온몸을 감싸는 기분좋은 느낌을 즐기세요.

이 방법이 필요할 때

하루 중 언제라도
가능한 방법입니다.
퇴근 후 저녁에 해도 좋습니다.
아무리 힘든 하루를
보냈다 해도 감사할 일이
분명히 있기 마련입니다.

09 습관의 함정에서 벗어나기

안 좋은 생활습관을 하루아침에 바꿀 수는 없습니다. 마음의 평정심을 찾는
일은 외국어나 악기를 배우는 것처럼 시간을 두고 꾸준히 연습해야 하는 기
술입니다. 다음의 6가지는 당신의 일상생활 속에서 실천할 수 있는 이로운
생활습관입니다.

1 매일 내 몸과 마음, 나의 사고방식이 얼마나 평온한 상태인지 돌아보는 시간을 가지세요. 부정적인 감정을 비난하고 거부하라는 것이 아닙니다. 그 감정을 행동으로 옮길 때 어떤 일이 일어날지 생각해보세요.

2 내 삶에 큰 영향을 미치는 것들에 주의를 기울이세요. 계속 곁에 두어야 할 것과 없애야 할 것은 무엇일까요?

3 하루에 일정 시간, 마음이 평온해지는 일을 할 시간을 마련하세요. 효과가 있었던 방법과 그렇지 않았던 방법에 대해 떠올려보세요.

4 평온함을 방해하는 습관적인 말과 행동이 무엇인지 생각해보세요.

5 상황에 휘둘리거나 이성을 잃었을 때, 평정 상태로 이끌어주는 '긍정적 자기 대화'를 시도하세요.

6 감정적인 문제가 계속 평정을 무너뜨린다면 도움을 줄 전문가를 찾아보세요. 누구에게나 긍정적 행동을 지속하도록 동기를 부여하고, 장애물에 부딪쳤을 때 기댈 수 있는 사람이 필요합니다.

이 방법이 필요할 때

매일 밤, 고요히 앉아
하루를 돌아보면
도움이 됩니다.
나는 내가 원하는 방향으로
처신했는가, 아니면
부정적 감정에 지고 말았는가?

아이처럼 색칠하기

색칠하기는 재미와 보람도 있지만 마음을 안정시키는 데도 효과를 발휘합니다. 색칠하는 작업에만 집중하게 되므로 자신을 괴롭히는 부정적인 생각에서 벗어날 수 있기 때문입니다. 그럼 간단한 방법부터 시작해볼까요?

이 방법이 필요할 때

원할 때마다 언제든지!
색칠하기는 즐거운
취미생활로, 또는 불안이나
스트레스 관리에 활용할 수
있습니다. 특히 밤에 하는
색칠하기는 마음을
진정시켜 숙면을 도와줍니다.

1 조용하고 편안한 장소에 앉아 펜이나 연필을 준비합니다.

2 페이지를 넘겨 색칠합니다. 책에 직접 해도 되고 복사해서 작업해도 됩니다(사인펜을 사용할 경우 색이 번지지 않도록 뒷면에 종이를 대고 하세요).

3 서두르지 말고 천천히 색칠하세요. 한 번에 다 끝내지 않아도 좋습니다. 아티스트들도 여러 날에 걸쳐 한 작품을 완성하기도 하니까요.

✎ 옆 페이지를 넘겨 색칠하세요.

나를
돌보기

평온하고 행복해지는 가장 간단한 방법은 바로 자신을 돌보는 것입니다. 감정뇌 훈련EBT과 인지행동치료CBT는 건강한 라이프스타일을 회복시켜 주는데, 평온함에 이르는 첫 단계가 신체적 욕구 충족이기 때문입니다. 하지만 바쁜 일상을 사는 사람일수록 건강한 식단과 운동, 숙면에 신경 쓸 틈이 없습니다.

그렇다면 건강한 라이프스타일이란 무엇일까요? 미친 듯 운동을 하거나 생식을 해야 한다는 의미는 아닙니다. 매 순간 몸이 무엇을 원하는지 살피고 나쁜 습관을 고치려 노력하는 것입니다. 영양가 있는 식단과 규칙적 운동이 스트레스를 줄이고 평온함의 기본이 된다는 사실은 널리 알려져 있습니다. 이제부터 음식에 대해 균형 잡힌 태도를 유지하고, 운동에 방해가 되는 게으름을 극복하고, 친절과 애정으로 자신을 바라보는 방법들을 배워보겠습니다.

11 명상으로의 먹기

식당에 가면 왠지 쫓기는 마음에 허겁지겁 먹게 되지는 않나요? 혹은 TV를 보면서 식사를 하지는 않나요? 마음챙김 명상으로의 먹기는 자신이 무엇을 어떻게 먹는지에 주의를 기울이면서 음식을 먹는 모든 순간을 음미하는 과정을 말합니다. 이 방법으로 먹으면 식사 시간이 더 즐거워지고 마음이 평온해지는 효과까지 덤으로 얻을 수 있습니다. 또한 스트레스의 원인이 되기 쉬운 음식과의 관계를 리셋해줍니다.

1 오렌지를 앞에 놓고 1분 정도 호흡에 집중합니다. 긴장이 풀어지면 마치 처음 보는 물건처럼 오렌지를 찬찬히 바라봅니다. 당신 앞에 놓인 것은 노란 빛의 향긋한 과일입니다. 껍질의 촉감과 모양을 살펴봅니다.

2 이제 코로 가져가 냄새를 맡습니다. 어디서부터 껍질을 벗기면 좋을지 살핀 후, 천천히 조심스럽게 껍질을 벗깁니다.

3 껍질을 다 벗긴 후, 과육을 한쪽씩 떼어냅니다. 손에서 느껴지는 감각과 과일의 모양, 냄새에 집중합니다.

4 과육 한쪽을 입에 넣습니다. 곧바로 삼키지 말고 잠시 혀로 탐색합니다.

5 과육의 질감을 느낀 후, 이로 살짝 깨물어봅니다. 흘러나오는 과즙과 입안에 퍼지는 맛에 주의를 집중합니다. 천천히 과즙을 삼키고 과육은 입안에 그대로 둡니다.

이 방법이 필요할 때

하루에 한 번, 마음챙김 명상으로의 먹기를 실천하면 과식을 피할 수 있습니다. 음식의 본질을 음미하게 되면 먹는 속도가 줄어들고 포만감을 쉽게 알아차립니다.

46

6 과육을 천천히 씹으며 혀로 느껴봅니다. 어떤 맛이 나고 씹을수록 그 맛은 어떻게 바뀌는지 살핍니다.

7 과육을 삼키면서 목을 타고 내려가는 느낌과 입안에 남겨진 맛에 주의를 기울입니다. 나머지 과육도 똑같은 방법으로 먹습니다. 도중에 주의가 흐트러져도 자신을 탓하지 말고 다시 맛에 주의를 집중하세요.

8 다 먹은 후에는 자신의 경험을 돌아봅니다. 조바심이 느껴졌나요? 아니면 즐거움이 느껴졌나요? 둘 다였나요?

9 다른 음식을 먹을 때도 마음챙김 상태에서 먹으려고 시도해보세요. 먹기 전에 잠깐 심호흡을 하면 도움이 됩니다. 오렌지가 아니고 포도여도 좋고, 초콜릿 한 쪽, 와인 한 잔이어도 좋습니다. 다른 음식으로 연습해보세요.

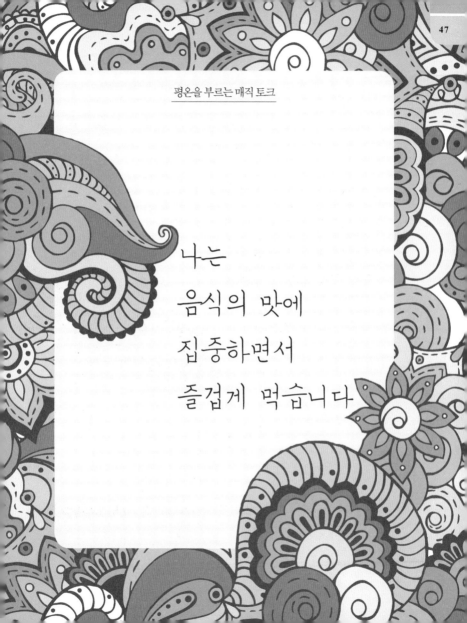

평온을 부르는 매직 토크

나는
음식의 맛에
집중하면서
즐겁게 먹습니다

12 나는 운동하고 싶다, 운동하고 싶다…

운동은 마음을 평온하게 해주는 매우 효과적인 방법이지만 피곤하거나 감정에 휘둘릴 때는 실천하기가 어렵습니다. 감정뇌 훈련은 영감과 기쁨을 이용해 긍정적 변화에 대한 거부감을 떨쳐내도록 해줍니다. 지금부터 운동하고 싶은 마음을 불러일으키는 4가지 방법을 소개하겠습니다.

1 멋진 트레이닝 웨어를 마련하세요. 밖에 나가고 싶은 마음이 저절로 생깁니다.

2 운동할 때 들을 음악을 준비하세요. 좋아하는 음악과 함께라면 운동이 보다 즐거워질 테니까요.

3 운동 친구를 만드세요. 마음 맞는 사람들과 함께하면 조깅, 볼링, 수영, 댄스, 하이킹 등 모든 운동이 즐거워지고 더 열심히 하게 됩니다.

4 목표를 세우세요. 자선활동을 위한 걷기, 1마일 달리기, 수영 20회 왕복 등의 목표는 좋은 자극제가 됩니다. 목표를 공개할지 말지는 당신 마음에 달렸습니다.

이 방법이 필요할 때

지금부터 한 달간 여기 소개된 4가지 방법 중 최소 하나를 실천하세요. 운동에 대한 태도가 바뀌고 당신은 한결 평온해져 있을 것입니다.

13 벤치에 앉기

몸은 쉬지만 머리가 쉬지 못한다면, 쉬는 게 쉬는 것이 아닐 테지요. 가끔은 머리가 온전한 휴식을 취하도록 해주어야 합니다. 가장 간단한 방법은 탁 트인 장소로 나가는 것입니다. 다음은 복잡한 머릿속을 차분하게 정리하고 자연에서 위안을 얻을 수 있는 마음챙김 기법입니다.

1 몇 분이라도 고요히 있을 수 있는 장소를 고르세요. 꼭 아름다운 해변이나 산꼭대기일 필요는 없답니다. 공원 벤치나 앞마당이어도 좋아요.

2 가만히 앉아서 당신의 눈과 귀를 통해 들어오는 모든 자극에 관심을 기울이세요. 풀잎과 흔들리는 나뭇가지, 떠가는 구름, 새와 곤충 등등…

3 이제 아주 사소한 부분에 주의를 집중하세요. 벤치의 나뭇결, 풀잎의 섬세한 모양, 돌멩이의 질감을 살피세요. 숨을 깊이 들이마시며, 이 시간이 당신을 평온하게 해준다는 사실을 마음에 새기세요.

이 방법이 필요할 때

매일 10분간 자연이 주는 잠시의 고요함에 집중하세요. 분주한 일상에서 벗어나면 큰 그림이 보이면서 동시에 작은 것에 관심을 기울일 수 있습니다.

지금 하고 있는 일이 아니라
'다른 일을 했으면' 하는 것이 있나요?

✳

당신이 아주 중요하다고
생각하는 것을 못하게
막고 있는 것은 무엇인가요?

✳

당신이 인생에서 소홀히 하고
있는 부분은 어떤 것인가요?

✳

이루지 못한 꿈이 있나요?
그것은 무엇인가요?

14 나를 돌보는 시간

24시간 중 당신 자신을 돌보는 시간은 얼마나 되나요? '거의' 혹은 '전혀'라면 이 방법을 시도해보세요. 다음은 자신을 돌보는 시간을 내도록 도와주는 인지행동치료(일정 설정, 자기평가 도구 등)의 방법들입니다. '시간'이야말로 평온함을 원하는 자신에게 줄 수 있는 가장 소중한 선물입니다.

1 다음주는 어떤 일을 할 예정인가요? 뒤 페이지의 플래너에 시간별로 활동을 표시해보세요. 일은 빨간색, 가족과의 시간은 보라색, 여가활동은 주황색 등 색연필을 이용해 활동을 구분하면 됩니다.

2 결과를 살펴보세요. 가장 많은 시간을 쏟은 일이 정말로 당신이 원하는 삶을 위한 것인가요? 일하는 시간이 너무 길어 여가를 포기하고 있지는 않은가요? TV 앞에서 몇 시간이나 보내면서 자신을 위한 시간이 없다고 불평하고 있지는 않나요?

3 왼쪽 페이지의 질문에 대해 생각해보세요. 삶의 불균형을 알아차리는 것은 그것을 바로잡는 첫걸음입니다.

이 방법이 필요할 때

적어도 일주일에 한 번 실시하세요. 뒤 페이지의 플래너를 복사해서 사용하면 됩니다. 자신의 시간을 잘 관리할 수 있게 도와주어, 결과적으로 마음이 평온해지는 효과를 볼 수 있습니다.

WEEKLY PLANNER

일   식사   가족과의 시간   잠

사교활동   집안일   여가

MONDAY

1am	2am	3am	4am	5am	6am	7am	8am
9am	10am	11am	12pm	1pm	2pm	3pm	4pm
5pm	6pm	7pm	8pm	9pm	10pm	11pm	12am

TUESDAY

1am	2am	3am	4am	5am	6am	7am	8am
9am	10am	11am	12pm	1pm	2pm	3pm	4pm
5pm	6pm	7pm	8pm	9pm	10pm	11pm	12am

WEDNESDAY

1am	2am	3am	4am	5am	6am	7am	8am
9am	10am	11am	12pm	1pm	2pm	3pm	4pm
5pm	6pm	7pm	8pm	9pm	10pm	11pm	12am

THURSDAY

1am	2am	3am	4am	5am	6am	7am	8am

9am	10am	11am	12pm	1pm	2pm	3pm	4pm

5pm	6pm	7pm	8pm	9pm	10pm	11pm	12am

FRIDAY

1am	2am	3am	4am	5am	6am	7am	8am

9am	10am	11am	12pm	1pm	2pm	3pm	4pm

5pm	6pm	7pm	8pm	9pm	10pm	11pm	12am

SATURDAY

1am	2am	3am	4am	5am	6am	7am	8am

9am	10am	11am	12pm	1pm	2pm	3pm	4pm

5pm	6pm	7pm	8pm	9pm	10pm	11pm	12am

SUNDAY

1am	2am	3am	4am	5am	6am	7am	8am

9am	10am	11am	12pm	1pm	2pm	3pm	4pm

5pm	6pm	7pm	8pm	9pm	10pm	11pm	12am

나는
나의 실수를
용서합니다

보이지 않는 친구

15

우리는 남보다 자신에게 더 쉽게 화를 냅니다. 하지만 자신을 질책하면 스트레스 호르몬 수치가 올라가 마음의 평온은 멀어집니다. 죄책감이 자신을 조여 올 때 할 수 있는 감정뇌 훈련법을 소개합니다. 실수를 알아차리고, 이해해주고, 내려놓도록 도와주는 친구를 만나보세요.

1 자신의 맞은편에 의자를 하나 가져다 놓으세요. 그 의자에 친구가 앉아 있다고 상상하세요. 이제 그 친구가 당신의 마음속 소리를 들어줍니다.

2 따스하고 사려 깊은 그 친구는 당신이 자신을 질책하면서 후회하고 있다는 사실을 잘 알고 있습니다. 친구는 더이상 실수에 얽매이지 말라고, 다 괜찮다고 말합니다.

3 당신은 친구의 말 속에 담긴 지혜를 받아들입니다. 죄책감이 가시기 시작하고 평온함이 찾아옵니다. 당신은 '나는 나의 실수를 용서한다'라고 속으로 말합니다.

이 방법이 필요할 때

처음에는 어느 정도 안정된 상태에서 시도하세요. 매일 5분이면 충분합니다. 이 방법에 익숙해지면 심한 자책감에 시달릴 때도 활용할 수 있습니다.

몸을 돌보는 5가지 방법

무엇보다 충분한 수면을 우선순위에 두세요.

~~~~~~~~~~~~~

아침식사를 꼭 챙기세요.

~~~~~~~~~~~~~

매일 밖에서 신선한 공기를 마시세요.

~~~~~~~~~~~~~

저녁마다 스트레칭이나 요가,
호흡 명상을 하세요.

~~~~~~~~~~~~~

따뜻하고 여유로운 목욕 시간을 즐기세요.

16 사랑의 메아리

자신이 싫어질 때 이 방법을 시도해보세요. 자존감과 자기애自己愛를 중요하게 여기는 감정뇌 훈련법을 활용한 것입니다. 자기애란 자신의 긍정적 모습을 아는 것을 넘어서 자신의 결함까지 그대로 받아들인다는 의미입니다. 이 방법은 진정한 자기 수용을 통해 평온함에 이르게 해줍니다.

1 깊은 호흡을 몇 번 한 후 눈을 감습니다. 지금 당신은 아름다운 동굴 속에 있습니다. 위에서 빛이 들어오고 모든 소리가 벽에 부딪쳐 메아리칩니다. 당신이 "누구 없어요?"라고 말하면 똑같은 목소리가 동굴에 울려 퍼집니다.

2 사랑하는 사람을 떠올리세요(과거든 현재든 상관없습니다). 상상의 동굴 속에서 그에게 하고 싶은 말을 모두 하세요. "사랑해", "미안해", "내 사랑은 변치 않을 거야" 등등 뭐든 좋습니다.

3 당신의 목소리가 따뜻한 메아리가 되어 울려 퍼집니다. 메아리에 귀 기울이면서, 사실은 그것이 자신에게 하는 말임을 떠올리세요.

이 방법이 필요할 때

매일 해도 좋고, 자책할 일이 생겼을 때마다 해도 좋습니다. 메아리가 되어 돌아오는 마음의 소리에 귀 기울이면, 서서히 자신에 대한 사랑을 받아들일 수 있습니다.

17 잡동사니 치우기

놀랍게도 잡동사니는 스트레스의 원인이 됩니다. 주변이 지저분하면 뇌가 제 기능을 다하지 못하기 때문이지요. 청소를 해야 한다는 생각 자체가 스트레스의 원인이 되기도 합니다. 인지행동치료는 습관적으로 미루는 행동을 교정해, 결과적으로 불안감이 줄어들도록 해줍니다. 자, 이제 잡동사니를 치워볼까요?

1 지금 당신이 있는 공간에 가장 어울리지 않는 물건 하나를 찾아 치웁니다. 그리고 다음으로 어울리지 않는 것을 치웁니다. 출근하기 전에 이렇게 7가지의 물건을 치우세요.

2 서랍 하나, 선반 한 개 등 매일 작은 공간을 골라 청소하세요. 큰 봉투 2개를 준비해서 버릴 것과 다른 사람들에게 나눠줄 것을 분류해 넣으세요.

3 책상이나 식탁 위에 물건을 올려놓지 마세요.

4 쓰레기는 매일 버리고, 매일 아침 이부자리도 정돈하세요.

5 규칙적으로 창문을 청소하세요. 깨끗하게 청소된 창문은 집안과 당신의 기분에 놀라울 정도의 큰 변화를 가져옵니다.

6 정리정돈 상태를 유지하려고 노력하세요. 온 가족을 위한 규칙을 만드는 것이 좋습니다.

이 방법이 필요할 때

필요할 때마다 실시하세요.
집안을 어지럽히는 일에는
너와 내가 없으므로,
온 가족이 참여하면 더욱
효과적입니다. 시간을 내는 것
자체가 스트레스라면,
정기적으로 청소업체의
도움을 받는 것도 고려해보세요.

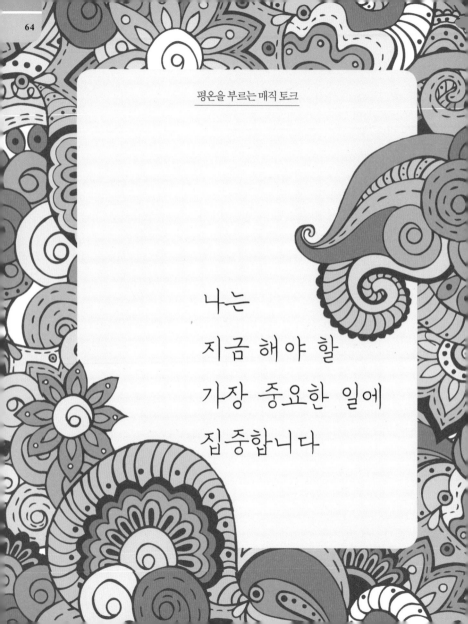

평온을 부르는 매직 토크

나는
지금 해야 할
가장 중요한 일에
집중합니다

목록 작성하기

불안감 때문에 잠이 오지 않거나 도중에 깨는 일이 잦다면, 인지행동치료에서 사용되는 목록 작성 기법을 활용해보세요. 먼저 해야 할 일과 나중에 해도 되는 일, 즉 일의 우선순위를 정하는 것입니다. 이 방법을 사용하면 자신이 시간을 관리하고 있다고 느끼게 되어, 마음이 안정되고 숙면을 취할 수 있습니다.

1 종이를 3개의 칸으로 나눠서, 할 일을 각각의 칸에 적습니다. 첫 번째 칸은 지체할 수 없는 일, 두 번째는 빨리 해야 할 일, 세 번째는 하면 좋은 일입니다.

2 다 적고 나서 첫 번째 칸을 확인하세요. 그것이 내일 할 일의 목록입니다. 두 번째 칸과 세 번째 칸은 내일 이후로 넘깁니다.

3 일에 조이는 느낌이 들 때마다 목록을 확인하고 왼쪽 페이지에 있는 매직 토크를 되새기면 집중력을 다시 회복할 수 있습니다.

이 방법이 필요할 때

매일 밤 자기 전에 실시하면 다음날 할 일의 우선순위가 정해집니다. 익숙해짐에 따라 급한 일과 그렇지 않은 일을 구분하기가 쉬워져서, 하루의 생산성은 올라가고 평온함은 더 커집니다.

19 갓난아기처럼 잠들기

충분한 잠은 몸과 정신의 건강에 필수적입니다. 쉽게 잠들지 못한다면 인지행동치료 기법을 이용해 생각을 재구성해보세요. 잠에 대한 부정적 생각을 긍정적 이미지로 바꾸면, 몸 스스로 편안히 휴식을 받아들이게 됩니다.

1 움직이지 말고 가만히 누워 있으세요. 몸을 뒤척이거나 베개의 위치를 바꾸고 싶어도 잠시만 참으세요.

2 사진처럼 곤히 자는 아기의 모습을 상상하면서, 지극히 평화로운 모습을 떠올리세요. 아기가 느끼는 따뜻하고 보호 받는 느낌에 집중하세요.

3 이제 당신이 아기를 잠재우고 있다고 상상해보세요. 당신은 품에 안은 아기를 조용히 흔들어줍니다. 아기의 눈꺼풀이 점점 감기고 천천히 잠에 빠져듭니다.

이 방법이 필요할 때

매일 밤, 갓난아기처럼 잠드는 상상에 집중하세요. 잠이 올 때까지 계속 실시하세요.

TIP

매일 정해진 시간에 잠들고 일어나는 것은 숙면에 큰 도움이 됩니다. 주말이라고 그 규칙을 깨뜨리지 마세요.

20 충동 대체하기

혹시 스트레스가 심할 때 음식이나 술, 담배에 의존하는 경향이 있나요? 음식 중독이나 식탐을 관리할 때 사용되는 인지행동치료의 기법이 있습니다. 즉 몸에 해로운 충동으로부터 주의를 분산시킴으로써 원치 않는 행동에서 벗어나는 것입니다.

이 방법이 필요할 때

뭔가 건강하지 못한 욕구에 사로잡힐 때마다 시도해보세요. 음식에 대한 욕구는 종종 심심함과 혼동되기 쉽습니다. 권태로움을 관리할 수 있으면 식탐의 절반은 해결된 것입니다.

1 단 것이 당기는 순간, 건강을 해치는 습관으로부터 벗어나야 한다는 신호로 받아들입니다.

2 산책을 하면 냉장고로부터 멀어질 수 있습니다. 이어폰으로 좋아하는 음악을 들으며 걸으면, 욕구가 수그러들고 마음이 안정됩니다. 흥미로운 주제를 다루는 팟캐스트를 들어도 됩니다. 마음을 채우는 것은 뱃속을 채우는 것만큼이나 만족감을 주니까요.

3 밖에 나갈 수 없는 상황이라면 자신을 풍요롭게 하는 일에 집중합니다. 친구에게 편지쓰기, 영감을 주는 책 읽기, 색칠하기 등이 그 예입니다.

✎ 옆 페이지를 넘겨 색칠하세요.

일터의
오아시스

곰곰이 생각해보세요. 당신에게 찾아오는 반복되는 스트레스는 업무 때문일 확률이 높습니다. 일과 인간관계, 가정의 균형을 맞추기란 쉬운 일이 아닙니다. 게다가 디지털 시대를 사는 현대인들은 24시간 대기 상태에 있습니다. 퇴근 후에도 스마트폰을 확인하고 아침에 눈뜨자마자 이메일을 살핍니다.

지금부터 바쁜 생활 속에서도 휴식 모드에 들어갈 수 있는 방법을 소개하려고 합니다. 그 방법들은 일을 효율적으로 할 수 있는 기술이기도 합니다. 평온한 상태에서는 저절로 생산성이 올라가기 때문이지요. 마음챙김 명상은 집중력과 기억력을 높여 직장에서 성공할 수 있도록 도와주는 것으로 널리 알려져 있습니다.

정상에 오르기

너무 열심히, 너무 오랜 시간 일하는 사람에게 유익한 시각화 기법입니다. 아직도 맨 마지막까지 사무실에 남아 일하거나 마감 시간을 맞추기 위해 밤 새하는 일이 멋지다고 생각하나요? 하지만 그런 것들이 몸과 마음의 평온을 해친다면 무슨 의미가 있을까요? 자신에게 상처주지 않는 방법으로 목표에 도달해야 합니다.

1 편안하게 앉아 눈을 감습니다. 앞에 아름다운 산이 펼쳐져 있고 당신은 그 산을 오르려고 합니다. 정상은 저 멀리에 있습니다.

2 처음에는 올라갈 만했던 산이 점점 가파르게 변합니다. 몸은 지치고 목도 마르지만 정상은 여전히 멀기만 합니다.

3 당신은 마음을 바꿉니다. 산의 정상을 쳐다보는 것이 아니라 매 순간 발이 닿는 곳에 집중합니다. 정상에 올라야 한다는 목표는 이미 잊었습니다. 어느 순간 위를 올려다보니 정상이 바로 앞에 있습니다. 손을 내밀었더니 정상이 만져집니다.

이 방법이 필요할 때

매일 아침마다 5분간 실시합니다. 해야 할 일이 막막하게 느껴진다면, 정상에 오르는 상상을 통해 한 번에 한걸음씩 나아가야 한다는 사실을 떠올립니다.

22 꽃봉오리 활짝 피우기

많은 사람들 앞에 설 때는 누구나 긴장되고 불안하기 마련입니다. 이럴 때는 실수하고 망칠지 모른다는 생각을 없애는 것이 가장 중요합니다. 그런 생각은 사실도 아니고 도움도 되지 않습니다. 자신의 능력에 대한 부정적 태도를 바꾸는 데 도움이 되는 방법을 소개합니다.

1 꽃 한 송이를 떠올립니다. 모양도 색깔도 훌륭하지만 꽃봉오리는 꼭 닫혀 있습니다. 천천히 호흡하면서, 꽃이 점점 가까이 다가와 당신과 하나가 되는 상상을 합니다.

2 호흡을 계속하면서, 아침의 햇살을 상상합니다. 떠오르는 태양이 꽃봉오리를 따스하게 감싸면서 서서히 꽃잎이 벌어집니다. 꽃봉오리가 활짝 피면서 자유로워지는 감각을 즐기세요.

3 꽃이 피는 데는 시간이 필요합니다. 꽃봉오리, 즉 당신은 자연스럽게 제 할 일을 했습니다. 자신의 모습과 생각을 드러내는 일에도 똑같은 이치가 적용됩니다.

이 방법이 필요할 때

사람들 앞에서 발표해야 할 일을 앞두고 있어 마음이 불안할 때 시도해보세요.
마음을 안정시켜주고 전하고자 하는 메시지에 집중하도록 도와줍니다.

좌우 균형 잡기

바쁜 생활 속에서 일과 가정, 커리어와 인간관계 사이에 시간을 배분하는 것은 현대인들이 겪는 큰 문제입니다. 인지행동치료는 문제를 명료하게 정의하고 이상적인 균형에 이를 수 있는 도구를 제공합니다. 균형을 잡기 위한 출발점이 될 만한 간단한 기법을 알려드리겠습니다.

1 종이와 자를 준비하고 가운데에 세로로 길게 줄을 긋습니다.

2 왼쪽에 행복을 위해 꼭 필요하다고 생각되는 것들을 적습니다. 아이들 등하교시키기, 외식하기, 요가 수업 듣기와 같은 소소한 일도 포함됩니다.

3 오른쪽에는 행복을 방해하는 것들을 적습니다. 어질러진 주방, 너무 피곤한 출퇴근길 등이 되겠지요.

4 이렇게 나눠서 적는 것만으로도 상황이 명료해지고 변화의 길이 열립니다. 가능한 해결책이 떠오른다면 당장 실행하세요.

이 방법이 필요할 때

일주일에 두세 번씩 왼쪽과 오른쪽의 목록을 보면서 개선할 방법에 대해 생각해보세요. 가족과의 약속을 지키기 위해 달력에 표시하거나, 가능한 경우 재택근무를 신청하거나, 청소업체를 고용하거나 등등이 될 것입니다.

아무것도
하지 않는
이 순간이
너무나
행복합니다

제로 타임 만들기

충전량보다 소모량이 많다면 당연히 '번아웃BURNOUT'이 일어나겠죠? 열심히 일하는데 성취감도 느끼지 못하고 인정도 받지 못한다면 누구나 탈진하게 될 것입니다. 지금부터 내면의 자원을 관리하는 방법을 알려드리겠습니다. 매일 아무것도 하지 않는 재충전의 시간을 가지는 것이 핵심입니다.

1 심호흡을 하고 다이어리에서 지난주의 상황을 살펴보세요. 온갖 업무와 약속으로 넘쳐났다면 이번 주는 다르게 계획하세요.

2 다이어리에 '할 일'을 적기 전에 매일 아무것도 하지 않을 '제로 타임'을 적어두세요. 스마트폰이나 컴퓨터보다는 종이에 하는 것이 좋습니다.

3 다른 일이나 약속이 생겨도 절대 '제로 타임'을 쓰지 않아야 합니다. '난 지금 아무것도 하지 않느라고 바빠!'라고 생각하세요. 옆 페이지에 있는 매직 토크를 통해 제로 타임이 필요한 이유를 마음에 새기세요.

이 방법이 필요할 때

일에 기진맥진해서 모든 일에 의욕이 떨어질 때 실시하세요. 짧게나마 나만의 시간을 가지면 행복감과 생산성이 모두 올라간다는 사실을 알게 될 것입니다.

건강하게 일하는 5가지 방식

전화 받는 동안 주변을 걷습니다.

정해진 시간에만 스마트폰의 메시지나
이메일을 확인합니다.

회의 전에 심호흡을 합니다.

책상에 물컵을 올려놓고 수시로 마십니다.

필요할 때 휴식을 취합니다.

고무줄 튕기기

전화와 메시지, 오가는 사람들로 번잡한 직장에서 집중력을 발휘하기란 쉽지 않습니다. 그런데 사실은 외부의 요소보다 자신의 생각과 걱정이 집중을 더욱 방해하는 경우가 많습니다. 집중력에 방해되는 잡념들이 고무줄이라고 생각해보세요. 옆으로 튕겨버릴 수 있게 됩니다.

1 눈을 감고 호흡에 집중하세요. 마음챙김 호흡을 실시하면 더욱 좋습니다.

2 방해가 되는 잡념이 당신의 책상에 널브러진 고무줄이라고 상상하세요. '지금은 일하는 중이니까 이건 나중에 생각하자'라고 속으로 말한 뒤, 고무줄 하나를 생각의 뒤편으로 튕겨버리세요.

3 호흡을 하고 책상 위의 고무줄, 즉 잡념이 사라질 때까지 반복하세요. 이제 눈을 뜨고 일에 집중하세요. 기습적으로 잡념이 나타날 때마다 활용하면 됩니다.

이 방법이 필요할 때

2주 동안 매일 실시해서 익숙해지도록 하세요. 그래도 떨쳐내기 힘든 생각이 있다면 나중에 따로 해결하겠다고 생각하세요. 예를 들면 '오후 5시에 20분간 생각하기'와 같이 걱정을 연기하는 약속을 하는 것입니다.

파란 나비 잡기

곧바로 마음이 평온해지는 방법 중 하나는 멀티태스킹을 멈추는 것입니다. 사실은 멀티태스킹이 아니라, 뇌가 이쪽저쪽을 옮겨가는 것뿐이라는 것이 최근의 연구 결과입니다. 한 번에 하나씩 하는 것보다 효율성도 떨어지고 스트레스만 커지게 되지요. 이 기법을 이용하면 멀티태스킹의 유혹에서 벗어날 수 있습니다.

1 눈을 감고 야생화 가득한 초원을 상상하세요. 모양과 크기, 색깔이 다른 나비들이 날아다니고 있습니다. 당신은 잠자리채로 나비들을 잡으려고 합니다.

2 나비의 움직임이 너무 빨라 잠자리채를 휘둘러도 잡을 수 없습니다. 당신은 방법을 바꿔 풀잎에 앉은 파란 나비에 집중합니다. 여기저기서 알록달록 날갯짓하는 수많은 나비에는 신경을 쓰지 않습니다.

3 그러자 갑자기 일이 수월해집니다. 앉아 있는 나비에 잠자리채를 가져다 대기만 하면 나비가 잡힙니다. 당신은 나비의 모습에 감탄한 후 하늘로 날려 보냅니다.

이 방법이 필요할 때

출근하기 전에 5분씩 해보세요. 가장 중요한 일부터 하나씩 해나갈 때, 얼마나 편안하고 효율적인지를 떠올리는 것이 중요합니다.

평온을 부르는 매직 토크

나는 내 자신을
보호하고
긍정적인 빛을
발산합니다

마음의 면역력 기르기

감정뇌 훈련은 진정성INTEGRITY의 소중함을 가르쳐줌으로써 안정감을 찾게 해줍니다. 자신에게 솔직해지세요. 자신의 가치, 인간관계, 업무 성과를 타인의 기준으로 재단하지 마세요.

1 직장이 여러 개체들로 구성된 살아 있는 존재라고 생각하세요. 개체들은 언제나 문제를 안고 있고 그것들은 바이러스처럼 전염성이 있습니다. 부정적 태도에 물들지 않고, 문제는 기회가 될 수 있다고 생각하세요.

2 직장 내에서 커뮤니케이션할 때는 감정이 아닌 사실에 집중하고 메시지가 잘 전달되는지 살피세요. 감정에 압도당한 자신을 발견하면 잠깐 멈추고 심호흡을 하세요.

3 얼굴에 미소를 띠세요. 미소는 긴장을 풀어주고 뇌와 신체의 화학작용을 바꿔줍니다. 물론 사람들의 반응에도 긍정적인 영향을 미칩니다.

4 동료들을 도와주세요. 주변 사람들의 부정적 태도가 당신에게 반사될 수 있기 때문입니다.

이 방법이 필요할 때

매일 하세요! 직장에서 긍정적인 태도를 유지하면 타인의 문제나 어려움에 말려들지 않고 평온함을 유지하는 데도 도움이 됩니다.

순간의 평화

항상 바쁜 사람들도 즉시 평온에 이르게 해주는 마음챙김 기법 중 하나입니다. 잠시 평온한 시간을 가지면 긴장이 풀리고 감정의 지구력이 회복됩니다. 마음챙김 명상을 꾸준히 하게 되면 생각의 패턴이 바뀌고 스트레스가 완화된다는 사실은 수많은 연구로 증명되었습니다.

1 편안한 상태로 앉거나 눕습니다. 팔짱을 끼거나 다리를 꼬지 않는 것이 좋습니다.

2 눈을 감고 평온함을 상징하는 이미지를 떠올립니다. 교회나 사원의 내부, 하얀 유니콘, 산호초, 숲속의 공터, 잔잔한 호수, 무엇이든 괜찮습니다.

3 머릿속으로 그 풍경을 자세히 스케치합니다. 만약 숲속의 공터를 떠올렸다면 나무들의 색깔이나 질감, 나뭇잎의 모양, 우거진 나뭇잎 사이로 쏟아지는 햇살을 상상하면 됩니다.

이 방법이 필요할 때

출근하기 전, 출근한 직후 등 매일 같은 시간에 실시하세요. 책상 앞에서는 물론 지하철이나 차 안에서도 할 수 있습니다.

4 그 장소나 대상을 생각하면서 천천히 숨을 들이마시고 내쉽니다. 속으로 '평화'라고 말합니다(혼자 있는 곳이라면 소리 내어 말해도 좋습니다). 몇 차례 반복합니다.

5 배와 가슴에 손을 올리고 호흡하면서 '평화'라고 말하기를 반복합니다. 심장이 규칙적으로 뛰는 소리, 복부의 긴장이 서서히 풀리는 것이 느껴질 것입니다.

6 몇 분간 계속 호흡하면서 몸의 긴장을 풀어줍니다. 충분히 긴장이 풀어졌다고 느끼면 천천히 눈을 뜨고 심호흡을 몇 차례 한 후 업무에 복귀합니다.

평온을 부르는 매직 토크

나는 언제든
내 안에 깃든
평화를 찾을 수
있습니다

29 만다라 색칠하기

긴장이 쉽게 풀어지지 않을 때 유용한 방법입니다. 만다라는 몇백 년 전부터 사용되어 온 영적 상징으로 미술 테라피와 명상에서 자주 활용됩니다. 완벽한 비례로 이루어진 동그라미 모양을 색칠하면 어느덧 마음이 편안해지는 것을 느낄 수 있습니다.

이 방법이 필요할 때

색칠하기는 효과적인 스트레스 해소법입니다. 점심시간이나 퇴근 후 집에서 해보세요. 소파에 기대 멍하니 TV를 보는 것보다 훨씬 도움이 될 테니까요.

1 펜과 색연필 등을 준비하세요. 앉은 자세가 편안한지 살핀 후, 잠시 심호흡을 하면서 어깨와 턱의 긴장을 풀어주세요.

2 옆 페이지의 만다라를 색칠하세요. 그저 마음 가는 대로 색깔을 고르면 됩니다. 정답은 없으니까요. 선택하기가 싫다면 눈을 감고 아무 색연필이나 집으면 됩니다.

3 결과를 생각하지 말고 과정을 즐기세요. 평온해진 마음이 계속 유지되었으면 좋겠다고 생각하세요.

✎ 옆 페이지를 색칠하세요.

상처
치유하기

때때로 생각과 감정은 폭풍우가 되어, 우리를 난파선으로 만들고 불안이란 해안선에 표류하게 만듭니다. 하지만 평화로운 바다로 나아갈 수 있는 방법은 있습니다. 인지행동치료와 감정뇌 훈련법은 균형을 무너뜨리는 해로운 사고방식을 스스로 발견하도록 해줍니다. 생각과 감정이 행동에 어떻게 영향을 미치는지 알려주고 나쁜 생각을 수정할 수 있는 방법을 제시합니다.

맞습니다. 평화는 연습을 통해 도달할 수 있는 목표이고, 당신이 배울 수 있는 기술입니다. 평온함은 불안과 분노를 억누르거나 감추는 것이 아닙니다. 세상을 살아가는 방식이 전환되는 것이고, 스트레스가 당신의 몸과 마음을 망가뜨리지 않도록 올바르게 대처함으로써 얻어지는 결과입니다.

30 꽃의 힘

대부분의 사람들은 인생이 경주라고 생각하고 빨리 가려고만 합니다. 하지만 평온을 위해서라면 늦춰야 한다는 사실을 잊지 마세요. '늦추기'는 시간을 지혜롭게 쓰도록 도와주는 마음챙김 명상의 개념입니다. 다음은 바쁜 하루 속에서 평온한 시간을 가질 수 있도록 해주는 시각화 기법입니다.

1 2분간 편안한 의자에 앉아 있습니다. 이제 눈을 감고 수선화 꽃밭을 떠올립니다. 상상력을 동원해 노란색 꽃잎과 살짝 고개 숙인 꽃봉오리, 그 위로 내려앉는 아침 햇살을 섬세하게 떠올립니다. 여유를 가지고 그 모습을 살펴보세요. 수선화는 항상 그 자리에 있습니다.

2 눈을 뜨기 전에 그 장면을 다시 한 번 마음에 새깁니다. 지금부터 수선화는 '조금씩 늦추기'를 상징합니다. 서두르는 자신을 발견할 때마다 수선화를 떠올리세요.

이 방법이 필요할 때

매일 아침 일과에 포함시키세요. 정말이지 양치하는 시간이면 충분합니다.

TIP

원하는 만큼 자주 하세요! 자주 할수록 효과적이니까요. 책상에 작은 화분이나 꽃병을 놓아두면 이미지를 떠올리는 데 도움이 됩니다.

31 구름 흘려보내기

혹시 어쩔 수 없는 일에 조바심을 내고 힘들어하고 있지는 않나요? 걱정거리는 하늘의 구름처럼 실체가 없는 것임을 떠올리면, 신기하게도 걱정거리들이 천천히 모습을 바꾸며 사라집니다. 지금부터 끝없는 걱정에서 벗어날 수 있는 감정뇌 훈련 기법을 알려드리겠습니다.

1 편안하게 누워 천장을 보세요. 하얀 구름이 몇 점 떠 있는 파란 하늘을 바라본다고 상상하세요. 멀리서 보면 밀도와 형태를 갖고 있는 것 같던 구름이, 가까이에서 들여다보면 그저 수증기 덩어리일 뿐 형태가 없습니다.

2 당신은 수증기 덩어리인 구름을 보며 이렇게 말합니다. "이 또한 지나가리라, 이 또한 지나가리라."

3 이제 구름이 둥둥 떠내려가는 상상을 합니다. 구름이 사라지니 맑고 파란 하늘이 보입니다. 깊은 호흡을 몇 번 하고 천천히 일어납니다.

이 방법이 필요할 때

최근에 스트레스를 많이 받고 있다면 아침에 침대에서 일어나기 전에 실천하세요.

TIP

적어도 하루에 한 번씩 하면 도움이 됩니다. 낮 동안 잠깐 누워 있을 수 있다면 더 자주 시도해보세요.

32 감사한 것 3가지

감사하는 마음은 평온의 지름길입니다. 감사는 삶의 태도를 긍정적으로 바꿔주고, 보다 능동적으로 살면서 삶의 가치를 더 깊이 느끼게 해주기 때문이지요. 인지행동치료에서는 하루하루의 일기를 쓰면서 감사한 것들의 개수를 세어보게 합니다. 지금부터 시작해볼까요?

1 일기 쓰는 시간을 정해 놓으세요. 그러면 습관으로 만들기가 쉽습니다.

2 매일 감사한 일이나 순간을 몇 가지 적을지를 정하세요. 너무 적지도 많지도 않은 3가지를 추천합니다.

3 특별한 일을 적으려 애쓰지 마세요. 해가 뜨는 풍경, 산책을 즐기는 일상, 사랑하는 사람의 미소, 거리 악사의 공연, 끝마친 숙제나 보고서, 뭐든 좋습니다.

4 모든 것을 기억하기는 어렵습니다. 감사함을 느끼는 순간, 메모를 하거나 자신에게 문자나 메일을 보내놓으면 즐거운 추억거리가 됩니다.

이 방법이 필요할 때

매일 잠자리에 누워 해보세요.
또 일주일에 한 번씩,
일기에 적어놓은 것 중
하나를 골라 그 의미와
소중함에 대해 더 깊이
생각해보세요.

33 정반대의 것과 짝짓기

항상 최악의 상황을 생각하는 사람들이 있습니다. 항상은 아니더라도, 누구나 가끔은 그런 경험을 합니다. 이렇게 마음속에 '지옥'을 담고서 평온하기를 바랄 수는 없겠지요. 인지행동치료에서는 '정반대의 것과 짝짓기' 기법을 통해 비관적인 생각들을 물리칠 수 있다고 합니다.

1 절망, 우울, 낙담, 비관으로 물든 생각이 떠오를 때마다 '아, 그렇구나!' 하고 알아차립니다. 차단하거나 분석하려 애쓰지 않습니다.

2 대신 긍정적 생각 2가지를 떠올립니다. 예를 들어 볼까요? '나는 세상 꼭대기에 있다. 나는 신의를 지킨다. 나는 성공의 절정에 있다. 나는 하늘을 훨훨 난다.'

3 긍정적인 생각과 부정적인 생각이 2:1이 되도록 합니다. 이제 하던 일로 돌아가면 됩니다.

이 방법이 필요할 때

필요할 때마다 시도해보세요. 부정적인 생각이 점점 줄어들고 일상의 불편과 불안을 보다 편안한 마음으로 받아들이게 됩니다.

34 꽃잎 떨구기

우리는 자신의 뜻대로 삶을 완벽하게 통제하려 합니다. 하지만 이런 태도는 무언가 삐끗하는 순간, 모든 것이 무너질 것 같은 두려움으로 이어집니다. 정해진 결과에 연연하지 말고 자신에게 다가오는 것들을 그대로 받아들이는 법을 배우는 것이야말로 마음챙김의 중요한 개념입니다.

1 당신은 울타리로 둘러싸인 정원에서 꽃 한 송이를 바라보고 있습니다. 말로 형언할 수 없이 아름다운 꽃입니다. 당신은 그 꽃이 영원히 변치 않길 바랍니다.

2 정원에 산들바람이 불어오자, 꽃이 바람에 흔들립니다. 당신은 머지않아 꽃잎이 떨어질 것을 예감합니다.

3 꽃에 집중해 아름다운 꽃잎 하나하나를 바라봅니다. 곧 질 꽃잎이기에 그 아름다움이 더욱 가슴에 남습니다.

이 방법이 필요할 때

매일 5분씩 해보세요. '보내주기'는 신경 쓰지 않거나 포기한다는 의미가 아닙니다. 완전한 통제는 불가능할 뿐 아니라 해로운 욕망이란 사실을 받아들이는 것입니다.

35 평화의 피난처

평온함을 느끼고 싶다면 주변 분위기를 평화롭게 만드는 일부터 시작하세요. 조용한 음악, 아름다운 풍경, 좋아하는 문학이나 예술 작품을 감상하는 일도 평온함을 불러옵니다. 그런데 감정뇌 훈련 기법으로도 평화로운 이미지를 만들 수 있습니다. 잠자고 있는 감정뇌 영역을 깨우는 시각화 기법을 소개합니다.

1 눈을 감고 편안한 의자에 앉습니다. 가급적 방해 받을 일 없는 조용한 곳이 좋습니다. 잠시 호흡을 고르면서 몸의 긴장을 풉니다.

2 코발트 블루의 하늘을 올려다본다고 상상하세요. 발바닥에는 모래의 촉감이 느껴집니다. 천천히 걸으면서 해안을 따라 서 있는 키 큰 풀들을 만져보세요.

3 잠시 앉아 속삭이는 파도 소리를 들어보세요. 발바닥 아래에서 부서지는 따스한 모래를 가로질러 바다로 다가가세요.

이 방법이 필요할 때

매일 실시하세요.
낮 시간에 스트레스를 받을 때
이 평화의 피난처를 떠올리면
곧바로 마음이 진정됩니다.

TIP

이 시각화 기법을 활용할 때
음악을 함께 이용하면
좋습니다. 파도 소리가 담긴
음악을 틀어 놓으면
주변의 소음에 신경 쓰지 않고
긴장을 풀 수 있으니까요.

4 물보라가 튀면서 비릿한 냄새가 풍겨옵니다. 차갑고
상쾌한 바닷물이 발바닥을 간지럽힙니다.

5 당신은 좀 더 깊은 곳으로 들어갑니다. 입술에 짠맛
이 느껴지고 당신은 편안히 수영을 즐깁니다.

6 물에서 나오자 해변에 타올이 놓여 있습니다. 도톰
하고 부드러운 타올은 햇살을 받아 따뜻합니다. 당
신은 느긋하게 모래에 앉아 풍경을 감상합니다.

7 평화로움과 충만함을 즐기면서 천천히 이미지에서
벗어납니다. 눈을 뜨고 두어 번 심호흡을 한 뒤 하던
일로 돌아갑니다.

나는 지금
파도처럼 몰려오는
충만함을
느낍니다

senta en tamaño natural
detalles de esta linda
anchos y tres matic
cálices y los tallos son
punto, cuyo largo varia s
una aguja que tenga el ojo la
Cordón de seda y cinta de reps malva

84. Traje con recogidos en abanico. — Este vestido de fa
de seda negra, con fondo de falda recubierto á plano por delante con la
de encima, entre los recogidos, que llevan un paño de 4 m. de ancho, sesgad
en 50 cent. en los bordes del lado. Se dispondrán los pliegues de arriba segú
el dibujo 84. Se fruncirá por detrás. Se abrocha el cuerpo por delante baj

36 꿈 보드 만들기

당신은 공상이 시간 낭비라고 생각하는 쪽인가요? 하지만 공상에 집중하면 마음이 편안해진다는 증거가 있습니다. 다수의 전문가들도 꿈에 구체적 형태를 부여하면 이루어질 확률이 높아진다고 말합니다. 인지행동치료에서 사용하는 '꿈 보드' 만들기는 꿈을 시각화 하는 기법입니다.

1 코르크판이나 스크랩북, 혹은 크고 빳빳한 종이를 준비합니다.

2 신문이나 잡지에서 영감을 주는 사진이나 글귀를 찾아 오리세요. 직접 그린 그림이나 색칠한 작품, 사진도 좋습니다.

3 재료가 충분히 수집되었으면 나만의 '꿈 보드'를 만드세요. 합성사진, 콜라주 등 어떤 형태라도 좋습니다. 당신의 꿈과 의지만 표현되면 됩니다. 완성한 후에는 매일 시선이 닿는 곳에 놓아두세요.

이 방법이 필요할 때

약 2주에 걸쳐 '꿈 보드'를
만드세요. 만드는 동안
점점 자신의 꿈이 선명해지고,
열정과 의지를 갖고
꿈을 추구할 수 있는
동력이 생깁니다.

37 선행 받고 돌려주기

이번엔 당신의 관심을 '안'이 아니라 '밖'으로 돌리는 방법을 소개하겠습니다. 이 기법은 자신이 받은 선행을 다른 사람들에게 돌려준다는 개념에 기반하고 있습니다. 감사함과 아울러 공동체 의식도 느낄 수 있습니다.

1 매일 아침, 거울 앞에 서서 자신이 받은 선행에 대해 생각해봅니다. 비 오는 날 누군가 우산을 씌어주었거나 동료가 직장에서 문제를 해결해주었을 때를 떠올리면서 '고맙다'고 말합니다.

2 당신은 오늘 그 친절을 돌려주기로 결심합니다. 꼭 나에게 선행을 베푼 사람이 아니어도 됩니다. 가능하면 모르는 이에게 베푸는 것이 좋습니다. 누군가에게 자리를 양보하거나 무거운 짐을 들어줄 수도 있습니다. 작은 친절이 자신의 마음에 어떤 파장을 일으키는지 느낍니다.

이 방법이 필요할 때

30일 동안 매일 실시해보세요. 작은 선행이 주변 사람들에게 발휘하는 마법 같은 효과에 분명 놀라게 될 것입니다.

38 거침없이 하이킹

우유부단한 사람에게 도움이 되는 시각화 기법입니다. 감정뇌 훈련에 의하면, 우리의 뇌는 불확실성을 견디지 못하고 스스로 싸우는 편을 택한다고 합니다. 이러한 내면의 다툼은 스트레스를 유발하지만, 가끔 스트레스를 뚫고 창의적 생각이 튀어나오기도 합니다.

1 상상해보세요. 당신은 지금 하이킹을 하고 있습니다. 페달을 밟으며 아름다운 들판 길을 지나고 있습니다.

2 갑자기 풍경이 바뀌어, 당신은 가파르고 구불구불한 내리막길 위에 있습니다. 여기저기 뾰족한 바위도 보입니다. 그리고 내리막길 끝에는 평화로운 들판이 펼쳐져 있습니다.

3 당신은 용기를 냅니다. 빠르게 내리막길을 달리며 위험한 바위를 아슬아슬하게 피합니다. 당신은 아무데도 다치지 않았고 오히려 신나는 경험을 했습니다. 햇살이 빛나는 들판 길에 다다른 당신은 자신이 자랑스럽습니다.

이 방법이 필요할 때

하루에 한 번씩 5분간 실시해보세요. 자신에 대한 의심이 조금씩 사라지고 필요할 때 행동하는 능력을 키울 수 있습니다.

마음을 건강하게 만들어주는 5가지 방법

감사의 일기를 쓰세요.

～～～～～～～～

당신이 좋아하는 긍정의 명언을 활용하세요.

～～～～～～～～

자신의 장점을 칭찬해주세요.

～～～～～～～～

자신의 실수를 용서하세요.

～～～～～～～～

예전에 어려움을 극복했던 일을 떠올리세요.

39 에메랄드의 손

지금의 내 삶이 만족스럽지 않거나, 오도 가도 못하고 있다고 느낄 때 생각을 바꿔주는 시각화 기법입니다. 감정뇌 훈련에서는 생동감VIBRANCY이 마음의 중심을 잡아준다고 합니다. 생동감이란 내가 살아 있음을 느끼고, 현재에 생명력을 불어넣고, 새로운 것을 배우는 능력입니다.

1 잠자리에 누워 불을 끄기 전에 눈을 감습니다. 내일 일어났을 때 당신의 손에 닿는 것은 무엇이든 에메랄드빛으로 변한다고 상상합니다. 낡고 퇴색한 것들에 생명력을 불어넣는 것입니다.

2 당신 주변이 모두 푸르게 변했습니다. 그것들에서 민트, 솔잎, 전나무, 유칼립투스의 상쾌한 향이 납니다. 당신은 향을 마음껏 들이마십니다.

3 당신이 어디를 가든 신선한 녹색 풍경이 펼쳐집니다. 삶이 회색으로 보일지라도 배우고 즐기고 흡수할 것은 어디나 있기 마련입니다.

이 방법이 필요할 때

일주일 동안 매일 실시하세요.
반복해 실시하면 삶이
어떤 상황에 놓이더라도,
정서적 성장과 마음의 평화가
중요하다는 사실을 깨닫게 됩니다.

40 감정의 볼륨 낮추기

감정에 휘둘릴 때 매우 유용한 방법입니다. 불편한 감정의 강도를 파악하고
감당할 수 있는 수준으로 내리는 상상을 하면 됩니다.

1 속상하고 화가 나서 견딜 수 없을 때, 잠시 멈추고 자
신의 마음을 지켜보세요. 지금 휘몰아치고 있는 감
정의 특징과 그것이 몸에 미치는 감각에 주의를 집중하
세요.

2 당신의 감정에 1~8까지 등급을 매기세요. 1은 알아
차리기 힘든 약한 감정이고, 숫자가 커질수록 강도
가 올라갑니다.

3 지금 느끼는 감정을 측정합니다. 예를 들어 '나는 실
망감을 느끼고 있고 강도는 3이다'와 같이 하면 됩니
다. 계속 감정을 관찰하면서 강도가 줄어드는 것을 알아
차립니다.

이 방법이 필요할 때

하루에 한 번씩 하되,
처음부터 감정이 격할 때는
하지 마세요. 적당히 평온할 때
연습하는 것이 좋습니다.
꾸준히 연습하면 격렬한 감정에
휩싸일 때도 활용할 수 있습니다.

41 폭풍우 잠재우기

마음의 평온함을 찾는 연습이 일과가 되었다 해도, 예상치 못한 재앙이 닥치면 평정을 유지하기 어렵습니다. 하지만 예상치 못한 불행 역시 일상의 일부입니다. 고삐 풀린 감정의 질주 속에서 과연 평온을 유지할 수 있을까요? 마음챙김 명상에 근거한 스트레스 해소법은 갑자기 일상이 허물어질 때 활용할 수 있는 다양한 도구들을 제공합니다. 다음의 유용한 전략들을 따로, 또 같이 활용해보세요.

1 호기심과 관심은 갖고 있지만, 깊이 개입하지는 않는 '관찰자'로서의 자신을 상상하세요. 관찰자의 태도는 균형감을 유지하도록 도와줍니다.

2 자신과 감정 사이에 거리를 둡니다. '너무 불안해 미칠 것 같아'가 아니라 '나는 불안해하고 있구나'라고 표현합니다. 나는 그대로이고, 불안의 감정은 나타났다 사라지는 것임을 알 수 있습니다.

이 방법이 필요할 때

적어도 2주 동안 하루에
15분간 연습하세요.
자신도 모르는 사이에
서서히 평온함을 되찾고
차분해지는 것을 느낄 수 있습니다.

3 자신에게 필요한 것이 무엇인지 살피고, 필요하다면 도움을 청하세요. 사랑하는 사람들은 당신을 도와주고 싶어 합니다. 마음을 열고 그들의 지혜를 받아들이세요.

4 불안에 집중되었던 주의를 분산시키고 자신을 다독여주세요. 심호흡, 명상, 색칠하기 등 마음을 안정시키는 일을 하세요.

5 과거에 힘든 시간을 극복하며 배웠던 교훈과 성공했던 기억들을 떠올리세요.

✎ 페이지를 넘겨 색칠하세요.

더 평화로운
관계

우리는 수많은 관계 속에서 살아갑니다. 그리고 가족, 친구와 보내는 시간이 평온함과 안정감을 높여준다는 증거는 아주 많습니다. 긍정적 관계는 분노와 불안을 잠재우고 인내심을 높여주며, 심지어 고통에 대한 내성까지도 키워줍니다.

하지만 아이로니컬하게도 우리는 스트레스를 받을 때 가장 가까운 사람들에게 화를 냅니다. 자연스러운 일이지만 매우 위험하기도 합니다. 적절히 대처하지 않는다면 논쟁과 비난의 소용돌이가 긍정적 관계를 파괴해버리기 때문이지요.

지금부터 사람들과의 관계를 둘러보려 합니다. 행복한 의사소통 수단(언어든 비언어든)을 만들고, 주변 사람들이 지원을 보내주지 않는 힘든 상황에서도 내면의 평화를 유지하는 방법을 알아보겠습니다. 사랑은 평온함의 원천이고, 평온함은 사랑의 표현입니다.

감정에 항복하기

사랑하는 이들에게 좌절과 분노를 투사하는 사람들에게 유용한 방법입니다. 의외로 감정을 어떻게 다루어야 할지 모르는 사람들이 많습니다. 그들은 분노와 슬픔이 느껴질 때 외면하거나 거부하려 합니다. 그런데 감정을 있는 그대로 겪어내겠다고 마음먹으면 그것이 파도처럼 밀려왔다 서서히 밀려가는 것을 경험할 수 있습니다.

1 자리에 앉아 눈을 감고 심호흡을 합니다. 눈앞에 잔잔한 바다가 있다고 상상하세요. 당신은 따뜻한 물속으로 걸어 들어갑니다.

2 부드러운 파도가 당신에게 밀려옵니다. 호흡을 할 때마다 새로운 파도가 몰려와 당신을 기분 좋게 합니다. 그런데 파도가 점점 커지더니 갑자기 큰 파도가 당신을 에워쌉니다.

3 파도가 거칠게 몰려옵니다. 당신은 너무 두렵지만 어쩔 수가 없습니다. 당신은 파도에 항복합니다. 이윽고 조금씩 파도가 약해지고 바다는 다시 잔잔해집니다. 당신은 잘 견뎌낸 자신이 뿌듯합니다.

이 방법이 필요할 때

불안, 슬픔, 두려움 등
자신의 감정이 어디서 온 것인지
모를 때 시도해보세요.
역설적이게도 감정에
항복하는 것이 부정적 감정에
대항하는 최선의 방어 전략입니다.

평온을 부르는 매직 토크

나는 상처를
연민으로
바꿉니다

도끼 내려놓기

누군가에게 원한을 품는 순간 당신은 분노의 포로가 됩니다. 인지행동치료에서 사용하는 '생각을 재구성하고 과거의 상처를 내려놓는' 방법을 이용해 보세요. 용서하는 사람은 삶에 대해 긍정적이며 면역력 또한 강합니다.

1 용서의 의미를 되새기세요. 용서란 합리화나 변명이 아니라, 마음의 중심을 차지하고 있는 기억이 자연스럽게 희미해지도록 하는 것입니다.

2 자신이 어떤 감정을 느끼는지 말로 표현합니다. 절대 타인에게 화풀이하지 않습니다.

3 상처가 생긴 이유에 대해 생각해봅니다. 합리적 이유를 찾으면 어느 정도 화가 누그러집니다.

4 평온을 찾기 위해 할 수 있는 일을 생각해봅니다. 누군가의 사과나 약속이 필요한가요? 피해자가 되지 마세요. 과거의 상처에 집착하지 말고 현재를 살아가세요.

이 방법이 필요할 때

매일 5단계를 15~20분에 걸쳐 실시하세요. 시간이 갈수록 훨씬 침착하고 긍정적으로 변해가는 자신을 느낄 수 있습니다.

'NO'라고 말하기

많은 사람들이 갈등이나 상처 때문에 쉽게 거절하지 못합니다. 하지만 진심이 아닌 'YES'는 갈등보다 더 큰 괴로움을 일으킵니다. 거절이 어렵게 느껴진다면 인지행동치료에서 영감을 받은 이 시각화 기법을 활용해보세요. 단호함이 필요할 때 매우 유용합니다.

1 혼잡한 교차로를 떠올립니다. 도로에는 차선과 신호등이 없고 건널목 표시도 없습니다. 길이 점점 막히고 여기저기서 경적이 울립니다. 신경이 날카로워진 운전자들은 접촉사고를 내기도 합니다.

2 눈을 한 번 깜빡이자 마법처럼 모든 것이 정상으로 돌아옵니다. 차들은 차선에 정렬해 있고 경적 소리도 사라집니다. 규제와 제한 때문에 모두가 앞으로 나아갈 수 있음을 떠올립니다.

3 잠시 차분하게 호흡하며, 내가 원할 때 '거절하겠다'고 다짐합니다.

이 방법이 필요할 때

거절이 필요한 경우 언제든 시도해보세요. 빨간불이 항상 방해가 되는 것은 아니란 사실을 떠올리면 됩니다.

TIP

미소와 함께 "아니, 안 돼!"라고 말하는 것이 변명거리를 생각해내는 것보다 훨씬 간단합니다.

더 행복한 인간관계를 위한 5가지 준비

과거의 앙금을 털어냅니다.

~~~~~~~~~~~~~~~~~~~~~

상대방의 말에 진심으로 귀 기울입니다.

~~~~~~~~~~~~~~~~~~~~~

매일 아침 첫 번째 대화를 기분 좋게 시작합니다.

~~~~~~~~~~~~~~~~~~~~~

상대방의 긍정적인 영향에 대해 생각합니다.

~~~~~~~~~~~~~~~~~~~~~

상대방이 나에게 모든 것을 줄 것이라
기대하지 않습니다.

마그마처럼 끓어오르기

상실, 혹은 슬픔의 감정을 겪을 때 유용한 시각화 기법입니다. 감정뇌 훈련에서는 정서적 치유가 신체의 회복 과정과 비슷하다고 합니다. 마음이 다쳤을 때도 일정한 시간과 공간, 보살핌이 필요한 것이지요. 절망을 딛고 일어서려면 화산처럼 폭발하는 감정이 선행되어야 합니다.

1 눈을 감고 호흡에 집중합니다. 지금 느끼는 슬픔과 분노가 활화산의 마그마처럼 솟아오르도록 합니다.

2 억누르려고 하지 마세요. 모든 감정이 아낌없이 뿜어져 나와야 합니다. 감정은 마그마의 강이 되어 흐릅니다. 화상을 입힐 정도로 이글이글 뜨겁고 거침이 없습니다.

3 감정은 흘러넘치자마자 곧바로 식습니다. 이제 더 이상 파괴적이지도 위험하지도 않습니다. 이제 식은 용암을 발로 밟아봅니다.

이 방법이 필요할 때

한 달 동안 매일 밤마다,
혹은 상처 받은 가슴이
진정될 때까지 실시하세요.
대부분 마음의 상처는 시간이
치유해주지만, 이 시각화 기법은
회복의 속도를 더 높여줍니다.

46 이름표 붙이기

가족, 친구, 직장동료 등, 유난히 까다로운 사람들을 대할 때 유용한 방법입니다. 인지행동치료는 문제를 유익한 방식으로 바라볼 수 있게 해줍니다. 타인은 바꿀 수 없지만, 우리의 대응 방식은 바꿀 수 있습니다.

1 까다로운 사람에게 붙일 이름표에 대해 생각해봅니다. 생각 없는 사람? 잘난 척하는 인간? 빈정대는 사람? 커다란 이름표를 그에게 달아준다고 상상합니다.

2 상대방이 당신에게 어떤 이름표를 붙일지 생각해봅니다. 그가 당신이 원하고 좋아하는 이름표를 달아준다고 상상합니다.

3 그 사람을 대할 때 당신의 이름표를 떠올리세요. 그러면 당신 자신에 대한 기대치가 리셋되므로 좀 더 바람직하고 단호하게 대처할 수 있습니다. 또 상대가 까다롭게 굴면 씁쓸한 웃음과 함께 타인을 바꿀 수 없다는 사실을 떠올리세요.

이 방법이 필요할 때

꾸준히 실시하세요.
방어적이 아니라 단호한 태도로
소통하는 것에 익숙해집니다.
조금씩 바뀌는 당신의 태도는
타인의 변화도
이끌어낼 수 있습니다.

뭇별과 함께하기

힘들 때 누군가에게 의지하고 싶지만 마음처럼 되지 않는가요? 감정뇌 훈련에 따르면, 자신과 외부의 연결고리가 있어야 균형과 친밀함을 얻을 수 있습니다. 다음의 3가지 시각화 기법을 이용해보세요. 친구와의 대화를 통해 머리에서는 걱정을, 가슴에서는 아픔을 없앨 수 있습니다.

1 아침에 일어나기 전, 이불의 촘촘하게 짜인 씨실과 날실을 한참 바라봅니다. 자신이 세상이라는 커다란 짜임의 일부라는 사실을 기억하기 위한 이미지로 삼습니다.

2 오후에 산책하면서, 나무에 매달린 나뭇잎 하나에 집중합니다. 사람들은 모두 자신보다 커다란 무언가의 일부임을 기억합니다.

3 밤하늘의 별을 세며 반짝임에 주의를 기울입니다. 당신이 손 내밀어 주기를 기다리고 있는 당신의 친구들을 떠올립니다.

이 방법이 필요할 때

3단계로 이루어진 이 연습을 매일 해보세요. 한 단계마다 약 2분씩, 2주 동안 실시하면 됩니다.

TIP

직장 동료, 계산대의 직원, 식당 종업원 등 만나는 모든 이들에게 시선을 맞추세요. 타인과의 상호작용에 집중하면 그들에게 받는 도움을 더 깊이 느낄 수 있습니다.

평온을 부르는 매직 토크

나는 이 상황을
다른 시선으로
볼 수 있습니다

나에게 말 걸기

지금 머릿속에서 부정적 말들이 소용돌이치고 있나요? 부정적 말들은 머릿속에 뿌리박혀서 사실로 믿게 되는 경우가 많습니다. 인지행동치료의 '부드러운 자기 심문' 기법을 활용하면 부정적 생각이 타인과 불필요한 갈등을 일으키기 전에 물리칠 수 있습니다.

1 펜과 종이를 준비합니다. 잠시 고요히 앉아 심호흡을 합니다.

2 마음의 목소리로 친절하게 다음의 질문을 합니다.

내 마음속의 진짜 생각은 뭐지?

이 감정이 심할 정도로 커지고 있나?

이 감정이 사실이 아님을 나에게 보여줄 방법은 있을까?

몇 달 후에도 이 감정이 나를 괴롭힐까?

이 감정을 다르게 볼 수는 없을까?

3 대답을 종이에 적습니다. 가까운 곳에 두고 불안이 엄습할 때마다 읽으면 감정을 가라앉히는 데 도움이 됩니다.

이 방법이 필요할 때

매일 연습하세요.
걱정이란 스트레스 상태의 상상이 만들어낸 허깨비에 불과하다는 사실을 깨닫고 내려놓을 수 있게 됩니다.

49 지는 해 바라보기

가족은 그 존재만으로도 마음의 평온을 가져다줍니다. 가족의 소중함을 잊고 당연하게 받아들이는 자신을 발견했다면 이 시각화 기법을 연습해보세요. 가족의 긍정적 부분을 찾고 서로의 차이를 인정하게 됩니다.

1 소파에 앉거나 누워 천천히 호흡에 집중합니다. 눈을 감고 해가 지는 모습을 보고 있다고 상상합니다. 태양이 지평선을 넘어갈 때 후회나 분노, 원망 등 그동안 쌓인 부정적 감정도 사라진다고 생각합니다.

이 방법이 필요할 때

일주일에 한 번씩 실시하세요. 가까운 관계에서 좋은 점을 떠올리고 부정적인 부분을 내려놓으면 삶과 가정에 더 큰 평온함이 찾아옵니다.

2 해가 지고 저녁이 찾아왔습니다. 가족과의 관계에서 긍정적인 점, 함께 이룬 것, 현재의 삶에 주어진 축복에 대해 생각합니다.

3 눈을 뜁니다. 가족과의 관계를 개선할 수 있는 일 한 가지를 적습니다. 예를 들자면 '매일 칭찬해주기', '평소 싫어했던 점 받아들이기' 등입니다.

몸을 움직여 화 가라앉히기

가끔 화가 나는 것은 자연스러운 일이고, 단순히 화를 내지 않겠다고 다짐해도 별 도움이 되지 않습니다. 하지만 격렬한 감정을 진정시키고 평정을 되찾을 방법은 있습니다. 인지행동치료는 몸을 이용해 감정을 제어하고 건강하게 분출하는 방법을 알려줍니다.

1 산책, 조깅을 하러 나갑니다. 아름다운 자연 속에서라면 더 좋습니다.

2 정원 가꾸기나 장작 패기 등 몸을 쓰는 일을 합니다. 욕실 청소나 청소하기도 좋은 방법입니다.

3 빠른 음악을 틀어 놓고 음악에 맞춰 가볍게 몸을 움직입니다.

4 스케치, 색칠하기 등도 스트레스를 줄이고 화를 분출해주는 건강한 방법입니다.

✎ 페이지를 넘겨 색칠하세요.

이 방법이 필요할 때

화가 나서 나중에 후회할 일을 저지를 것 같을 때마다 시도해보세요. 몸을 움직이는 것은 마음의 중심을 잡는 좋은 방법입니다.

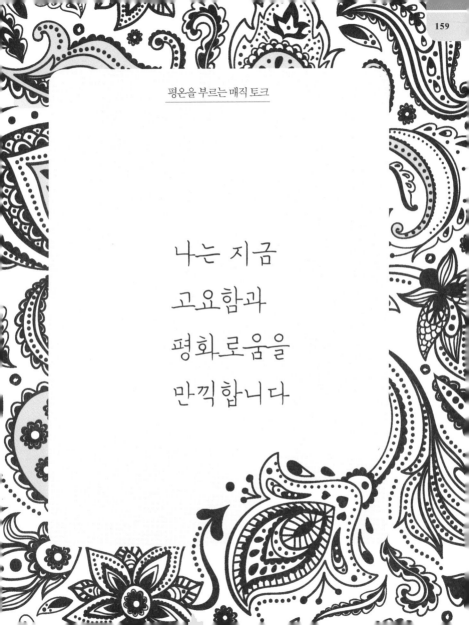

평온을 부르는 매직 토크

나는 지금
고요함과
평화로움을
만끽합니다

오늘도 수고한 그대에게

초판 1쇄 | 2018년 1월 12일

지은이 | 알린 K. 엉거
옮긴이 | 정지현
펴낸이 | 설응도
펴낸곳 | 아티젠

편집주간 | 안은주
편집장 | 최현숙
편집팀장 | 김동훈
편집팀 | 고은희
디자인 | 김현미
영업 · 마케팅 | 나길훈
전자출판 | 설효섭
경영지원 | 설동숙

출판등록 | 2015년 1월 9일(제2015-000011호)
주소 | 서울시 서초중앙로 29길(반포동) 낙강빌딩 2층
전화번호 | 02-466-1283
팩스번호 | 02-466-1301
전자우편 | 편집 editor@eyeofra.co.kr   마케팅 marketing@eyeofra.co.kr
         경영지원 management@eyeofra.co.kr

ISBN : 979-11-88221-02-8 04180
       979-11-88221-01-1 04180(세트)